Pour être tenu(e) au courant de nos publications,
envoyez-nous vos coordonnées :
La Plage
Rue du Parc
34200 Sète
Tél. : 04 67 53 42 25
Fax : 04 67 53 49 05
edition@laplage.fr
www.laplage.fr

© Éditions La Plage, 2004
ISBN 2-84221-116-2
© Éditions La Plage 1999 pour l'édition précédente
Photographie de couverture : La Plage D.R.
Imprimé sur les presses de BETA

Manger moins de viande

collection *Manger autrement*

Manger moins de viande

Nouvelle édition revue et augmentée

Garance Leureux

Manger moins de viande
en toute sécurité

Est-il dangereux pour la santé de manger moins de viande ?

La viande a longtemps été synonyme de force. Manger de la viande, c'était acquérir de l'énergie et de la résistance. Mais aujourd'hui, cette croyance est dépassée. Sans parler des récents problèmes sanitaires (dioxines, vache folle...), les nutritionnistes s'accordent pour tirer la sonnette d'alarme. Une alimentation riche en viande est une alimentation riche en graisse et pauvre en fibres. Diminuer sa consommation de viande permet de prévenir cancer du colon, hypertension et maladies cardiovasculaires.

Les aliments-miracle n'existent pas. Aucun aliment, et certainement pas la viande, n'est le seul à contenir tel ou tel nutriment nécessaire à notre santé. Tous les acides aminés, vitamines, sels minéraux... contenus dans la viande sont présents dans d'autres aliments. Il suffit de lister les nutriments de la viande pour s'apercevoir que l'on peut les trouver ailleurs.

La viande est un aliment mythique chargé de croyances et d'aura. Mais ce n'est certainement pas un aliment miracle. Un régime sans viande n'a pas plus de raison d'être carencé qu'un régime sans crème fraîche ou sans pois chiches.

L'équilibre alimentaire ne naît pas « miraculeusement » de la présence ou non d'un ingrédient. L'équilibre alimentaire naît de la combinaison harmonieuse et variée des aliments. Autrement dit, ce n'est pas parce que vous mangez de la viande que vous mangez bien et ce n'est pas parce que vous n'en mangez pas ou peu que vous mangez mal.

Où trouver les protéines ?

Aujourd'hui, en Occident, les personnes carencées en protéines sont extrêmement rares. Les végétaliens les plus stricts (ni viande, ni poisson, ni œufs, ni produits laitiers) ne semblent pas présenter, au bout de plusieurs années, de carence protéinique(1). Les carences en protéines existent lors des situations extrêmes de malnutrition (famines et maltraitance essentiellement).

Un rapide rappel diététique : les protéines peuvent être d'origine animale (protéines de la viande, des œufs, des produits laitiers) ou d'origine végétale (légumes secs, noix et céréales en contiennent le plus).

Les aliments qui en contiennent le plus :

le soja :		37%
certains fromages :	le comté	30%
les légumineuses :	lentilles	24%
	haricots	21%
les noix :	pistaches	20%
	noix de cajou	19%
la viande :	bœuf	17%
	morue	18%

(1) *Being vegetarian*, Suzanne Havala, Alpha books, Macmillan General Reference, 1999

Les protéines végétales sont-elles d'aussi bonne qualité ?

Les protéines animales et végétales contiennent des acides aminés et en particulier les 8 acides aminés dits essentiels (1) (essentiels car ils ne peuvent pas être fabriqués par notre corps et doivent donc être apportés par l'alimentation). Les protéines animales et les protéines du soja contiennent ces 8 acides aminés en quantité et en proportions adéquates, ce sont des protéines complètes. Les acides aminés des céréales, des noix et des légumes secs sont moins bien équilibrés. Les protéines des céréales et des noix sont pauvres en lysine, celles des légumes secs sont pauvres en méthionine et en tryptophane. On recommande donc d'associer dans un même repas céréales et légumineuses ou céréales et noix pour obtenir des protéines parfaitement complètes. D'où les plats complets végétariens traditionnels de tous les pays : couscous et pois chiches, lentilles et noix de cajou...

Il reste que cette théorie de la complémentarité des protéines est à présent largement contestée par les diététiciens(1). Les études récentes sur les popula-

(1) Ces 8 acides aminés sont trytophane, méthionine, valine, thréonine, phénylanine, leucine, isoleucine, lysine

tions végétariennes ignorantes et non pratiquantes de cette théorie n'ont décelé aucune carence protéinique. Il semble, et c'est heureux, que notre corps fonctionne depuis toujours sans que nous ayons besoin d'un diplôme de chimiste !

Où trouver le fer ?

Le manque de fer est un mal très courant. Il affecte en particulier les enfants et adolescents en pleine croissance, les femmes enceintes ou en pré-ménopause. Il engendre la fatigue. Les carences en fer sont très répandues dans les pays occidentaux où les gens mangent de la viande.

Comme les protéines, le fer est souvent associé à la viande. Le fer est en effet présent dans l'hémoglobine du sang. Ce fer dit héminique est bien absorbé par l'organisme.
Le fer d'origine végétale a besoin de vitamine C pour être aussi bien absorbé. Voilà pourquoi les végétariens ne souffrent pas plus de carence en fer que les non-végétariens. Dans un régime végétal, la vitamine C ne risque pas de manquer !

(1) Suzanne Havala, op.cit.

Les sources de fer non héminique sont nombreuses : les œufs, les légumes secs, les noix, les céréales, les fruits séchés...

Si certains aliments favorisent l'absorption du fer héminique ou végétal, d'autres, tel le tanin contenu dans le thé et le calcium des produits laitiers ont un effet inverse. Prudence donc si vous consommez peu de fruits et légumes frais mais beaucoup de thé !

Un régime sans viande bien conduit a toutes les chances d'assurer un apport en fer au moins égal, si ce n'est supérieur, à celui d'un régime mixte (1).

(1) Millet P. *Etudes du statut nutritionnel et du statut vitaminique biochimique chez les végétariens*. Thèse de médecine, Dijon, avril 1997.

Où trouver les vitamines ?

Moins on mange de viande et plus on augmente sa ration de fruits, de légumes, de céréales qui sont nos sources principales de vitamines. Plus besoin de cachets de vitamine C l'hiver ! La vitamine C abonde dans les fruits et les légumes, les vitamines B dans les céréales, la pro-vitamine A dans les légumes oranges ou à feuilles vertes, la vitamine K dans les légumes verts et les œufs, les vitamines E et F dans les graines oléagineuses...

Les végétaux contiennent-ils toutes les vitamines en quantité suffisante ?

Pas tout à fait, deux cas sont à étudier particulièrement : celui de la vitamine D et de la vitamine B12.

La vitamine D est une vitamine lipo-soluble que notre corps fabrique lorsqu'il est exposé au soleil. Dans les régions à faible ensoleillement, l'alimentation doit fournir une dose de vitamine D. On trouve la vitamine D uniquement dans les produits animaux. En excluant les poissons gras de son alimentation, on trouvera facilement assez de vitamine D dans les produits laitiers et le beurre particulièrement.

Le cas des petits enfants, qu'ils mangent ou non du poisson, est particulier. Leur ration est généralement supplémentée jusqu'à 3 ou 4 ans. La vitamine D est indispensable à l'assimilation du calcium, nécessaire pendant cette période de forte croissance.

Le cas de la vitamine B12 est également particulier. Elle se trouve, en quantité suffisante, uniquement dans les produits animaux. Il faut donc continuer à consommer laits, fromage, yaourts, œufs pour en avoir en quantité.

En résumé, conserver dans son alimentation les produits laitiers évite les risques de carence en vitamines B12 et D. Les végétaliens doivent en revanche s'assurer qu'ils consomment assez de levure alimentaire, de soja fermenté, ou d'aliments enrichis.

Pourquoi l'excès de viande est-il néfaste à la santé ?

L'excès de viande entraîne une alimentation trop riche en graisses (la fameuse graisse cachée), trop pauvre en fibres (pas ou peu de légumes secs et de produits complets) et parfois subcarencée en vitamines et minéraux, spécialement en vitamine C et en magnésium (pas assez de fruits et de légumes).

L'un des problèmes majeurs de l'alimentation moderne est donc la consommation excessive et mal équilibrée des graisses. Trop d'acides gras saturés (viande et produits laitiers) et pas assez d'acides gras mono-insaturés (huile d'olive, amandes...) ou poly-insaturés (huiles de tournesol, de sésame...). Un régime sans viande et sans excès de produits laitiers permet de remédier facilement à ce déséquilibre.

Les légumes, les céréales complètes et les légumes secs apportent des fibres alimentaires, trop absentes dans un régime carné. Les fibres ont pour rôle d'accélérer le transit intestinal, de drainer les substances cancérigènes et de favoriser un bon équilibre pondéral.

Le facteur alimentaire est reconnu comme cause d'environ un tiers des cancers (1). Les recommandations diététiques qui lui sont associées concernent l'augmentation de notre ration de fibres et de vitamines et la diminution de notre ration de graisses visibles (beurre, huiles, margarines...) ou cachées (viandes et charcuteries).

(1) Doll et Peto, *The causes of cancer*, Oxford University press, 1983

Que reste-t-il à manger ?

Une grande variété d'aliments dans les groupes suivants : céréales, légumineuses, noix et graines, fruits et légumes, produits laitiers, œufs.

Pour composer des assiettes végétariennes complètes et équilibrée, pensez à ce triangle parfait :

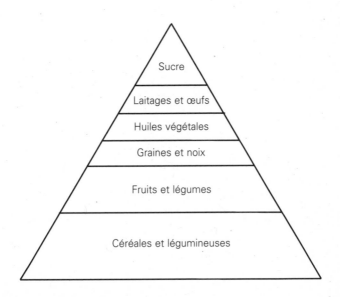

Les céréales

Le riz et les pâtes bien sûr. Essayez le riz et les pâtes mi-complets ou complets. Ils ont plus de goût et surtout plus de vitamines et de minéraux. Voyez aussi plus loin dans ce livre ce que l'on peut faire avec du blé concassé, du couscous, de l'épeautre, de la quinoa, du millet, du sarrasin... toutes céréales qui méritent d'être consommées parce qu'elles sont délicieuses et bonnes pour la santé. Elles fournissent énergie, fibres, vitamines du groupe B, calcium et fer.

N'oubliez pas que les céréales peuvent être mangées aussi bien chaudes que froides (les salades de pâtes, les sushis...). Les mélanges de céréales sont délicieux aussi (riz et riz sauvage, sarrasin et quinoa, riz et sarrasin...) et permettent d'enrichir les plats.

Les céréales cuites se conservent très bien au réfrigérateur. On peut faire plusieurs recettes très différentes avec une grande quantité de riz complet par exemple (salade, gratin, croquettes). Mieux vaut donc cuire les céréales complètes en grande quantité pour économiser temps et énergie.

Les légumineuses

À (re-)découvrir absolument. Les légumes secs, que l'on appelait autrefois « la viande du pauvre », vous apporteront des protéines, de l'énergie, du fer, des vitamines et des fibres en quantité :

Haricots : blancs, flageolets, rouges, tachetés, noirs... azukis, doliques...
Pois : pois chiches, pois cassés, petits pois
Lentilles : vertes, brunes, corail...

Ayez toujours des conserves de légumes secs cuits au naturel dans vos placards. Ils vous permettent de composer rapidement des petits repas sur le pouce (salade de haricots, tartinade de pois chiches...) ou d'enrichir une soupe, un sandwich... (avec quelques haricots rouges ou quelques pois chiches).
Si vous cuisez vous-même vos légumes secs (ce qui permet une variété plus grande de haricots ou de lentilles par exemple), pensez à faire tremper les légumes la nuit pour raccourcir le temps de cuisson. Rincez-les et ajoutez des herbes aux propriétés digestives (romarin, sarriette, sauge).
Les légumes secs cuits se conservent très bien et s'accommodent de mille manières; n'ayez pas peur d'en cuire une bonne quantité.

Un cas à part : le tofu

Le tofu est une préparation à base de soja qui nous vient de la gastronomie asiatique et qui possède de merveilleuses propriétés (riche en protéines, pauvre en graisse, réduit le taux de cholestérol, prévient les maladies cardiovasculaires...). Voyez plus loin les différentes utilisations du tofu et de ses dérivés.

Les noix, les graines

Amandes, noisettes, noix de cajou ou de pécan ne sont pas seulement réservés à l'apéritif. Pensez à les incorporer à vos sautés de légumes où à vos céréales.
Ils enrichissent les plats en protéines, en calcium et en acides gras. Ils leur donnent du croquant à condition qu'on les incorpore au dernier moment. Voyez aussi plus loin les idées pour utiliser les beurres de noix ou le gomasio.

Les fruits et les légumes

Le choix est vaste. Variez les couleurs pour varier les apports nutritifs. Des légumes à feuilles sombres pour les folates (vitamine B), le calcium et le fer, des légumes jaunes et rouges pour le béta-carotène; des fruits frais pour la vitamine C, des fruits séchés pour les fibres et le fer. Consommez-les frais, séchés, surgelés, en conserve... ils seront toujours riches de nutriments.

Pour chaque légume, pensez aux multiples déclinaisons : poireaux vinaigrette, soupe de poireaux, purée de poireaux, gratin de poireaux, fricassée de poireaux à la poêle, salade de poireaux émincés crus, tarte aux poireaux, etc. Variez les modes de cuisson selon les saisons (four et cocotte en hiver, vapeur et eau en été) et consommez-les crus le plus souvent possible.

Bien sûr, vous préférerez les légumes de saison et issus de culture biologique.

N'oubliez pas les fruits : ils peuvent parfois remplacer les légumes. Pommes, poires, pruneaux, orange, banane... pourront trouver facilement leur place dans des plats salés.

Exemples de menus sans viande

Concombre, menthe et yaourt	Curry de légumes et riz basmati	fruits
Soupe aux lentilles et au blé	Gratin de brocoli au parmesan	fruits
Gaspacho	Salade (riz complet, sésame, avocat, poivron...)	fromage blanc
Salade de tomates au tofu mariné	Pizza Margarita et salade verte	fruits
Taboulé	Purée de céleri et galette de tofu cuisinée	fromage
Carottes râpées aux noisettes	Courgettes sautées avec du tempeh et du boulghour	yaourt

Salade de chou rouge	Pâtes mi-complètes au pistou, parmesan	fruits secs
Poireaux vinaigrette	Lentilles à la sauce tomate et quinoa nature	fruits
Soupe de légumes	Pâté végétal aux haricots rouges + pain + salade d'épinards	fruits
Melon	Galettes de céréales et petits pois	fromage
Soupe de pois cassés	Tarte à l'oignon, pommes en lamelles et noix	fruits
Petite salade de pâtes aux olives-citron	Crêpes fourrées aux champignons et aux noix + salade verte	fruits

Recettes et conseils
pour manger autre chose

Mangez des légumineuses !

Les légumineuses sont à remettre à l'ordre du jour car ce sont elles qui apportent les protéines, les minéraux et les fibres nécessaires à un bon équilibre du repas.

On entend par légumineuses : les lentilles, les haricots secs, flageolets, petits pois, pois cassés, pois chiches, fèves... mais aussi les cacahuètes et le soja.

On trouve la majorité de ces légumineuses déjà préparées, cuisinées au naturel. Ayez toujours quelques provisions au garde-manger, qui vous permettront de concocter une salade ou une poêlée express. Conserves de petits pois, de haricots rouges sont disponibles en petites et grandes tailles.

Mangez des pois chiches !

Recette : l'hummus

Le pâté végétal par excellence. C'est un concentré équilibré de vitamines et de protéines. Rapide à réaliser si l'on a un robot. On écrase 500 g de pois chiches cuits au naturel (rincés et égouttés) avec 1 ou 2 gousses d'ail, 1 pincée de gros sel, 1 cuillerée à soupe de tahin et autant d'huile d'olive. Vous pouvez aromatiser votre hummus avec du paprika ou un peu d'huile de sésame.

Recette simplissime de salade de pois chiches

Des pois chiches cuits au naturel (rincés et égouttés), avec des tomates bien mûres coupées en petits morceaux et quelques feuilles de menthe. On arrose le tout d'un filet d'une très bonne huile d'olive. On peut aussi laisser macérer avec des épices indiennes : délicieux

Le couscous

Pour un couscous sans viande, enrichissez le plat avec des pois chiches et soyez généreux sur la variété des légumes utilisés. N'oubliez pas le potiron et les fèves.

Comment manger des panisses ?

Ce sont des petites galettes végétales que l'on prépare avec de la farine de pois chiches. Vous trouverez des rouleaux tout prêts en magasin bio. Il suffit
de les découper en tranches et de les faire revenir
dans la poêle dans un peu d'huile d'olive. Servez-les
tel que, avec des légumes. Vous pouvez aussi les
recouvrir de sauce tomate, les parsemer de fromage râpé et faire gratiner au four quelques minutes.

La poêlée méditerranéenne

Une poêlée de légumes méditerranéens (aubergines, courgettes, poivrons, olives) se trouvera enri-
chie d'une poignée de pois chiches. Accompagnez
de riz et voilà une simple ratatouille transformée en
un délicieux plat complet.

Idée pour enrichir un taboulé

Le classique taboulé adore les pois chiches. Il s'enrichit alors de protéines complémentaires et devient
un plat très complet, riche en vitamines et en fer. On

peut aussi réaliser des tas de salades-plats complets à base de couscous et de pois chiches. On y ajoutera au choix : des poivrons, des carottes râpées, des olives, des câpres, des pommes, de l'oignon cru ou des échalotes.

Deux façons de faire la soupe de pois chiches

Une idée pour l'hiver qui a beaucoup de succès. Soit on a fait cuire soi-même des pois chiches et l'on se réserve alors l'eau de cuisson et une louche de pois pour la soupe. On ajoute ensuite un poireau en rondelles et deux ou trois carottes, on mixe le tout et le tour est joué.

Soit on enrichit une classique soupe de légumes d'une bonne louche de pois chiches cuits au naturel. On mixe ou pas.

Dans tous les cas, ne pas oublier de parfumer la soupe de pois chiches d'un filet d'huile d'olive, d'une gousse d'ail écrasée ou d'une cuillerée de pistou.

Mangez des haricots secs !

Ne craignez pas trop les calories ou les lourdes digestions. La mauvaise réputation des haricots secs est liée à ces plats riches en saindoux et en charcuterie avec lesquels ils sont généralement associés. Les haricots secs à la mode végétale sont pauvres en graisses, riches en fibres et en vitamines et nettement plus digestes.

Le minestrone à l'italienne

Un bon minestrone servi avec des croûtons, des olives noires et du parmesan et voilà un repas du soir reconstituant qui réconciliera toute la famille. Pour le minestrone, vous faites une soupe de légumes en jetant dans l'eau 2 oignons coupés en quatre, 1 branche de céleri coupée en morceaux, 2 gousses d'ail entières, 3 carottes en fines rondelles et 2 pommes de terre en quartiers. Au bout de 15 minutes de cuisson, ajoutez les haricots rouges cuits passés au moulin à légumes. Laissez mijoter 10 minutes encore, salez et relevez à votre goût.

Recette des haricots rouges à la mexicaine

Le haricot rouge se trouve bien dans les préparations épicées style chili. Une recette rapide : faites revenir 1 oignon à la poêle, lorsqu'il est transparent, ajoutez 3 tomates mûres coupées en morceaux et 2 carottes en fines rondelles. Épicez à votre goût avec du piment de Cayenne et ajoutez un verre d'eau. Lorsque les carottes commencent à être tendres vous ajoutez environ 500 g de haricots rouges cuits au naturel et vous laissez mijoter 5 minutes. Rajoutez du piment rouge en poudre et servez très chaud et très épicé avec des tortillas ou du pain.

Idées pour des purées de haricots

Pour les apprécier pleinement, il faut les servir tièdes avec de bonnes tranches de pain complet. Vous passerez vos haricots (rouges ou blancs) cuits au moulin à légumes ou au mixeur. Ajoutez une ou deux gousses d'ail écrasées, du sel, du poivre et 3 cuillerées à soupe d'une bonne huile de première pression. L'huile de noix convient bien. Rajoutez éventuellement un peu d'eau pour obtenir une consistance de purée. Parsemez de cerneaux de noix juste avant de servir. Vous pouvez parfumer les purées de haricots secs avec du cumin, de la muscade ou une bonne sauce soja.

La salade de haricots en couleurs

Mélangez le même volume de haricots rouges, blancs et noirs. Vous trouverez aussi des haricots tachetés ou de petits haricots ronds comme les azukis. Ajoutez à ces haricots cuits 3 échalotes hachées menu, un fenouil cru coupé en dés et une poignée d'olives noires. Arrosez d'une bonne vinaigrette et laissez mariner une heure au moins avant de servir.

La poignée de haricots

Comme pour les pois chiches, pensez à enrichir une simple poêlée de légumes d'une petite boîte de haricots rouges ou blancs préparés au naturel. Ils viendront enrichir votre plat et vous n'aurez pas besoin de l'accompagner de viande. Les haricots rouges s'accommodent bien des légumes " du soleil ", des préparations à la catalane avec des tomates et de l'ail. Les haricots blancs préfèrent les poêlées de légumes d'hiver (poireaux, carottes, oignons et potiron).

Mangez des lentilles !

Les lentilles se cuisent rapidement. Vous aurez intérêt à le faire vous-même car vous pourrez ainsi choisir des variétés originales (plates ou rondes, vertes, brunes et même les formidables lentilles corail de couleur orangée).

Recette : le dhal

Plat traditionnel indien, le dhal peut se préparer rapidement avec peu d'ingrédients différents. Vous faites revenir un ou deux oignons hachés dans un peu d'huile, lorsqu'ils sont transparents vous ajoutez une cuillerée à soupe de curry ou d'un mélange d'épices maison. Ajoutez également une pointe (ou plus) de piment de Cayenne en poudre. Remuez et laissez cuire 1 minute. Ajoutez d'un coup les deux verres de lentilles, 2 pommes de terres coupées en quartiers et recouvrez largement d'eau. Salez en fin de cuisson. Servez avec du riz basmati ou des pains indiens.

Idées pour des plats de riz et de lentilles

Lorsque vous faites cuire du riz complet, pensez à y incorporer une poignée de lentilles. La légumineuse et la céréale cuiront ensemble et vous aurez une base complète pour créer rapidement un plat. Pour une salade, rajoutez des tomates, des poivrons cuits et des échalotes. Pour un plat complet, servez bien chaud avec, par exemple, des cœurs d'artichauts, des tranches de potimarron grillées ou des brochettes de légumes.

Comment cuisiner les lentilles corail express ?

Les lentilles corail sont des lentilles concassées de couleur rose. À la cuisson, elles se transforment rapidement en une purée plutôt jaune. Impeccable pour concocter rapidement des petites sauces qui enrichiront une céréale. Pour cela, faites cuire 1 verre de lentilles dans 5 verres d'eau; lorsqu'elles sont bien défaites, parfumez avec une cuillerée à café de miso ou avec une bonne sauce soja et une grosse noix de beurre.

Vous pouvez aussi choisir de cuire 1 verre de lentilles corail dans 5 verres de bouillon de légumes.

Ajoutez une bonne noix de beurre, rectifiez l'assaisonnement et servez aussitôt.

Réussir ses salades de lentilles

Pour réussir vos salades de lentilles, deux impératifs : choisir des ingrédients croquants, crus de préférence et laisser mariner au minimum une heure dans une vinaigrette bien relevée (à la moutarde ou au piment par exemple). Vous choisirez des échalotes hachées, des petits radis en rondelles, de germes de soja croquants, du concombre, du fenouil cru, des pommes, des graines de sésame, des carrés de gruyère...

Mangez d'autres légumineuses !

Conseils pour manger des fèves

Au printemps, écossez les fèves fraîches et attendrissez-les à peine 10 minutes à la vapeur. Inutile d'enlever la première peau. On les consommera froides ou chaudes. Elles enrichissent les simples salades de haricots verts ou de tomates. Elles s'accordent très bien au taboulé ou à toutes sortes de plats à base de couscous ou de boulghour. Hors saison, vous trouverez en bio des conserves de fèves fraîches au naturel tout à fait satisfaisantes.

Recette double : la soupe chaude ou froide de pois cassés

Superbe invention que les pois cassés (en deux), ils sont digestes, délicieux et cuisent rapidement. La soupe de pois cassés est un classique toujours apprécié que l'on peut servir chaude ou glacée avec des feuilles de menthe. Dans 1,5 litre d'eau, plongez 300g de pois cassés, 2 gousses d'ail, 1 pomme de terre, 1 branche de romarin et faites mijoter. Salez en fin de cuisson, mixez et c'est prêt. Pour une soupe chaude et douce, ajoutez un peu de crème fraîche ou de lait. Pour une soupe bien froide, ajoutez une poignée de menthe fraîche hachée et un filet d'huile d'olive.

Recette : la purée de pois cassés au pistou

Reprenez la recette de la soupe de pois cassés mais vous mettrez 2,5 volumes d'eau pour un volume de pois cassés. Lorsque la purée est mixée, ajoutez une cuillerée à soupe de pistou et autant d'huile d'olive. Mélangez, parsemez de parmesan et servez gratiné ou pas.

Les petits pois tous crus

On les prend pour des légumes mais ce sont des légumineuses. Les petits pois sont très riches en protéines et en fibres. Bien sûr, on les aime surtout frais et jeunes. Alors on les mangerait bien tous crus. Et d'ailleurs, rien ne nous en empêche : petits pois crus, radis en rondelles, feuilles de laitue hachées, petites pommes de terre nouvelles et avocat... le tout arrosé d'une bonne vinaigrette.

Un plat express de petits pois à l'indienne

Typique de la cuisine indienne qui a une longue tradition végétarienne, le petit pois s'accompagne en général de fromage *paneer*. A défaut on utilisera un fromage pâte fondue, type " Vache qui rit " (il en existe en bio, si,si), qui ne se défait pas à la cuisson. D'abord, faites revenir un oignon dans un peu d'huile. Ajoutez des épices indiennes à votre goût (curry ou cumin, curcuma, coriandre, fenugrec, cardamome...) et du sel. Versez les petits pois en boîte avec le jus et 4 à 6 portions de fromage. 5 minutes après, vous servirez bien chaud.

Mangez du soja !

Le soja est une légumineuse exceptionnellement riche en protéines de très bonne qualité. La graine de soja contient 40% de protéines. Les protéines du soja contiennent l'ensemble des acides aminés essentiels, et en de bonnes proportions. Le soja remplacera avantageusement la viande ou les produits laitiers dans de nombreux plats. Les industriels ne s'y sont pas trompés puisqu'ils proposent toute une gamme de produits copiant la viande, à base de tofu.

Attention, ce que l'on appelle habituellement " germe de soja " est en fait du haricot mungo germé. Il s'agit d'une légumineuse mais qui n'a pas les valeurs diététiques du soja.

Qu'est ce que le tofu ?

Le tofu est un caillé de " lait de soja ", formé, égoutté et pressé plus ou moins selon les marques. Il s'agit d'un produit 100% végétal fabriqué à partir de grains de soja jaune. On trouve du tofu nature, plus ou moins pressé et de consistance plus ou moins molle. On trouve du tofu fumé (macéré dans de la

sauce soja puis fumé) et toutes sortes de préparations de tofu, cuisiné avec des herbes et des
légumes et présenté sous forme de galettes ou de
saucisses. On trouve aussi des plats préparés inté-
grant du tofu en remplacement de la viande
(lasagnes, raviolis, moussaka...)

Mangez du tofu nature !

Choisir et conserver le tofu

L'aspect du tofu nature ressemble un peu à celui de la mozzarella. Vous le trouverez au rayon frais, conditionné sous emballage plastique. Il se conserve très bien au réfrigérateur. Une fois le sachet ouvert, gardez le tofu dans l'eau et au frais pour éviter qu'il ne s'oxyde.

On trouve du tofu nature très ferme et très compact mais aussi du tofu artisanal plus tendre, qui s'accommode mieux en sauce ou en crème.

La sauce tofu de base facile à faire avec un robot

Vous travaillez ensemble un bloc de 125 g de tofu avec 4 cuillerées à soupe d'huile et autant de vinaigre ou de jus de citron. Ajoutez 1 cuillerée à soupe de sauce soja ou 1 cuillerée à café de miso. Énergétique et à décliner à l'infini en ajoutant vos épices ou vos herbes préférées. A utiliser comme de la mayonnaise.

La sauce tofu au gingembre

Reprendre la sauce de base et ajouter une cuillerée à café de racine de gingembre hachée.

La sauce guacamole au tofu

Préparer une portion de sauce tofu de base, en remplaçant le vinaigre par du jus de citron. Ajoutez un avocat écrasé, une cuillerée à café piment en poudre et une bonne pincée de cumin.

Idées de brochettes de tofu mariné

Il faut préparer une marinade bien relevée avec de l'huile, du jus de citron, de la sauce soja et des épices au choix (gingembre, cumin, piment...). Coupez le tofu en dés et faites-le tremper avec les légumes préparés (champignons, tomates cerise, poivrons...). Enfilez sur les brochettes et faites griller sur toutes les faces. S'accompagne d'une céréale (boulghour, riz, couscous).

Recette de farcis au tofu

On fabrique rapidement une délicieuse farce végétale pour farcir tomates, courgettes ou même oignons évidés.

Mélangez le tofu (125 g) émietté avec 4 petits pains suédois émiettés, des herbes de Provence, un oignon râpé, et une gousse d'ail écrasée.

Mélangez ou mixez bien ces ingrédients avec la pulpe que vous aurez ôtée des légumes à farcir.

Assaisonnez généreusement et remplissez les légumes à farcir. Faites cuire au four environ 3/4 d'heure.

Fabriquer un pâté de soja

Dans le mixeur, travaillez ensemble un bloc de tofu, 2 cuillerées d'herbes finement hachées (thym frais, persil, coriandre par exemple), 1 cuillerée à café de moutarde, du sel et du poivre.

On peut aussi parfumer d'une cuillerée à soupe d'huile de sésame. Remplissez un petit ravier et laissez prendre au frais au moins une heure. Servez comme un fromage ou comme un pâté.

Recette : la galette de tofu maison

Pour les cuisiniers pressés. Il faut une râpe plate. Hachez le bloc de tofu, 1/2 oignon, un morceau de céleri branche et une carotte. Mélangez, salez, poivrez et faites revenir dans un peu d'huile à la poêle. On peut en faire des petites galettes végétales, il suffit d'utiliser une petite poêle à blinis et de faire chauffer à feu doux en retournant les galettes comme pour une omelette.

Recette du " steak " pané

Coupez les blocs de tofu nature en tranches fines et faites-les mariner dans de la sauce soja.
Ensuite, passez-les dans une assiette contenant du jaune d'œuf puis dans la chapelure. Ainsi panées, faites-les revenir à l'huile dans une poêle bien chaude.
Pour un " steak " 100 % végétal, on peut aussi utiliser de la levure diététique comme panure.

Mangez du tofu fumé !

Le tofu fumé a un goût plus prononcé et nécessite moins de préparation que le tofu nature.

Recette : la salade verte aux croûtons et au tofu fumé

On fait revenir les croûtons aillés et le tofu fumé dans un peu d'huile à la poêle. Déposer sur les assiettes remplies de batavia croquante bien assaisonnée. On peut ajouter des lamelles de poires, c'est délicieux.

Quiches et tartes sans lardons

Reprenez votre recette préférée de quiche lorraine et remplacez les lardons par du tofu fumé. C'est délicieux et on peut sans crainte en reprendre deux fois.

Les tartes deviennent très complètes si on y incorpore du tofu fumé (en dés ou haché). Idéal pour les tartes au brocoli, les tartes à l'oignon ou aux épinards.

Les sandwichs

Le tofu fumé est idéal pour la fabrication des sandwichs. Il n'est pas nécessaire de le faire mariner. Sa texture et son goût sont très appréciés avec des crudités. On peut le râper et le mélanger à des légumes également râpés : carottes, céleri, betterave crue, échalote. On assaisonne d'une bonne vinaigrette et on remplit un sandwich préalablement tartiné de mayonnaise.

Pour les nostalgiques du sandwich au thon : râpez le tofu fumé et assaisonnez avec du jus de citron et des algues en paillettes. C'est encore meilleur que l'autre !

Mangez des saucisses de soja !

On trouve dans les rayons frais des magasins bio, ou en conserve, des préparations à base de soja, en forme de saucisses et de tailles variables allant de la quenelle à la saucisse grill très ferme. Leurs utilisations sont identiques à celle des saucisses conventionnelles. Vous pouvez aussi vous inspirer de ces idées :

Recette : la choucroute végétale saine et digeste

Achetez de la choucroute crue en magasin bio. Dans une cocotte, faites revenir 1 ou 2 oignons dans un peu d'huile, ajoutez la choucroute, quelque jeunes pommes de terre, des graines de coriandre, du poivre du moulin et faites cuire doucement à l'étouffée. Au bout de 20 minutes, ajoutez les saucisses de soja et faites cuire encore 5 minutes. On peut incorporer des saucisses de type quenelle ou plus fermes, et même des morceaux de tofu fumé.

Idées de petits gratins de légumes

Les gratins de légumes peuvent se préparer à l'avance et constituent de bons petits plats complets pour peu qu'on les enrichisse de saucisses de soja par exemple.

Le fromage râpé devient alors facultatif et votre gratin gagne en digestibilité et en légèreté. Un exemple : dans un plat à gratin huilé, déposez une mince couche de rondelles d'oignons.

Déposez ensuite joliment des rondelles de courgettes, de pommes de terre, de tomates et de saucisses de tofu.

Parsemez d'herbes de Provence, arrosez d'un filet d'huile d'olive et d'un verre d'eau additionné de sauce soja.

Saupoudrez de chapelure avant de faire cuire une bonne heure au four.

L'assiette végétarienne style forestière

Préparez une poêlée de champignons (girolles ou champignons de Paris feront l'affaire) bien aillée, poivrée et saupoudrée de persil frais.

Faites cuire 1 bon verre de boulghour (blé concassé) dans deux fois son volume de bouillon de légumes. Lorsque l'eau est absorbée, couvrez et laissez gonfler hors du feu.

Faites revenir 2 pommes coupées en lamelles dans un peu de beurre ou de margarine végétale, salez et poivrez.

Disposez joliment les légumes, le boulghour et les saucisses de soja grillées à la poêle dans les assiettes.

Parsemez de noisettes entières et servez aussitôt.

Les salades de pommes de terre revisitées

Avec des petites pommes de terres cuites en robe des champs, on fait de délicieuses salades en toutes saisons. Ajoutez des saucisses de soja coupées en rondelles et les ingrédients du moment :

avocat, oignons, tomate, champignons, cerneaux de noix, cornichons, endives... Des salades qui méritent de macérer un peu avant de les servir.

Mangez des galettes de tofu !

On trouve maintenant très facilement du tofu tout préparé macéré avec des herbes ou cuit avec des légumes et présenté sous forme de galettes rondes. Avec ces préparations, plus d'excuse, il est extrêmement facile de préparer un repas sans viande sans pour autant bouleverser ses habitudes ou la forme du repas. Une galette de tofu aux champignons réchauffée à la poêle peut être accompagnée de crudités, de légumes cuits ou d'une céréale (riz, couscous...).

Idées de cocottes végétales

Préparez une cocotte de légumes de saison et ajoutez en fin de cuisson les galettes de tofu cuisinées pour les réchauffer.

L'hiver : dans une cocotte à fond épais, faites revenir à l'étouffée des petits bouquets de brocolis, des rondelles de pommes de terre et un oignon haché. Procédez à une cuisson lente qui préservera nutriments et saveurs. Salez, poivrez et, 5 minutes avant la fin de la cuisson, déposez les galettes de soja cuisinées sur les légumes. Servez parsemé de persil haché. L'été une bonne ratatouille fera l'affaire.

Recette : les tagliatelles à la fausse bolognaise

Faites revenir à la poêle dans un peu d'huile d'olive, 1 oignon haché, 1 gousse d'ail hachée, des tomates bien mûres coupées en morceaux, du sel et du poivre. Lorsque la sauce est de bonne consistance, passez-la au moulin à légumes et jetez les peaux des tomates. Remettez la sauce sur le feu et incorporez 2 ou 3 galettes de tofu cuisinées (aux olives par exemple) que vous aurez émiettées grossièrement. Laissez mijoter quelques minutes avant de verser sur les pâtes bien chaudes et cuites al dente. Parsemez éventuellement de pecorino râpé.

Recette : le sojaburger

Remplacez le steak haché par une galette de tofu cuisinée. Procédez comme un burger classique. Faites chauffer les pains et le tofu, tartinez le pain de moutarde, incorporez de la salade, des échalotes, un morceau de comté ou de mozzarella et le tofu. Recouvrez de ketchup. Consommez aussitôt.

Mangez des céréales !
(autres que du riz et des pâtes)

Des céréales complètes ou mi-complètes, de bonne qualité, accompagnées de fromage, de légumineuses ou de noix et voilà un plat sans viande complet et attrayant. Les pâtes font déjà l'unanimité à votre table ? alors pourquoi ne pas innover avec des céréales différentes comme la quinoa, le riz sauvage ou l'épeautre ?

Mangez du blé !

Quelle est la différence entre le Boulghour, le pilpil® et le couscous ?

Le Boulghour est fabriqué à partir de blé dur que l'on a précuit, séché puis pelé et concassé plus ou moins finement. On trouve du Boulghour fin ou du Boulghour gros. Le Pil pil est une marque déposée, sa fabrication est semblable à celle du Boulghour mais le grain n'a pas été pelé, il est donc plus complet. Le couscous quant à lui est fabriqué à partir de

Mangez des céréales !

semoule de blé dur qui est mouillée et roulée pour former des grains de couscous. On trouve du couscous complet ou raffiné, du couscous fin, moyen, gros.

Pour bien cuire le Boulghour

Le Boulghour est l'une des céréales les plus faciles et les plus rapides à préparer. On plonge un volume de Boulghour dans 1,5 verre d'eau froide salée et le tour est joué. Lorsque l'eau est absorbée (il faut 5 minutes à peine), on couvre la casserole et on laisse gonfler hors du feu. Cette étape est indispensable pour avoir du Boulghour bien tendre. En ce qui concerne les quantités, il vous faudra compter environ 1 verre de Boulghour pour deux personnes.

Idées pour accommoder le Boulghour

Pour varier les goûts et les couleurs. Reprenez la recette précédente et remplacez l'eau par du bouillon de légumes. Vous pouvez aussi parfumer (et saler par la même occasion) votre Boulghour cuit avec 1 ou 2 cuillerées d'une bonne sauce soja (tamari ou shoyu). Pensez aussi aux cacahuètes salées, aux noix de cajou, aux amandes... elles donneront du croquant à votre céréale. Enfin une pincée de cannelle, autant de curcuma ou de cumin parfumeront à l'orientale un Boulghour destiné à accompagner des légumes couscous ou des tranches de potirons grillées.

Que faire avec du boulghour fin ?

Pas besoin de le cuire. Il suffit de l'humidifier légèrement avec un peu d'eau tiède puis de le laisser macérer avec des légumes crus coupés fin et une vinaigrette comme pour un taboulé. Pour le consommer chaud, faites-le cuire dans un volume d'eau. Quand l'eau est absorbée, couvrez et laissez gonfler 2 minutes avant d'aérer à la fourchette.

Que faire avec du boulghour gros ?

Le Boulghour gros convient tout à fait en accompagnement de galettes de tofu, d'une poêlée ou d'une cocotte de légumes. Il gagne à être accompagné d'une sauce : à base de légumineuses (lentilles corail), d'oléagineux (sauce tahin) ou simplement avec une sauce tomate ou de la crème fraîche.
Enfin, le Boulghour gros est idéal pour farcir les aubergines, les poivrons, les tomates.

Tomates farcies... au blé concassé

Pour farcir 4 tomates, faites cuire selon la recette de base 2 verres à moutarde de Boulghour gros ou fin. Mélangez la céréale avec un oignon haché fin bien revenu à l'huile avec des herbes de Provence. Salez, poivrez et ajoutez la chair des tomates ainsi que 2 cuillerées à soupe de cacahuètes grillées (ou d'amandes concassées). Une fois les tomates farcies, arrosez-les d'un filet d'huile d'olive, parsemez d'herbes et faites cuire au four pendant 30 minutes (thermostat 5).

Des idées pour manger de l'épeautre

L'épeautre est un blé rustique riche en protéines et en minéraux. On trouve maintenant très facilement de la bonne farine d'épeautre bio. Utilisez-la pour vos pâtisseries, biscuits, crêpes, tartes... Elle est facile à travailler et vous serez surpris de sa finesse. On trouve aussi de l'épeautre concassée (qui ressemble à du boulghour). Cela vous permet de consommer cette céréale sans avoir à pratiquer de longs temps de cuisson (comme avec l'épeautre en grain). L'épeautre concassée se prépare comme du boulghour et peut accompagner les cocottes de légumes, les brochettes, les saucisses de soja, etc.

Recette : soupe express à l'épeautre

Plongez dans un litre d'eau bouillante : 1 verre d'épeautre concassée, 1 carotte et un oignon râpés, 1 poireau coupé en rondelles et une petite branche de romarin. Au bout de 15 minutes environ, prélevez une tasse du bouillon pour y dissoudre une cuillerée de miso. Reversez dans la soupe et servez aussitôt. Si vous n'avez pas de miso, parfumez à la sauce soja (tamari). Parsemez de coriandre ou de persil frais haché.

Mangez du millet !

Le millet

On trouve le millet ailleurs que dans les graineteries et c'est tant mieux car il serait dommage de laisser cette céréale bienfaisante aux oiseaux. Riche en magnésium, en phosphore, en fluor, en provitamine A... le millet a sa place dans une alimentation moderne trop souvent carencée. On trouve des grains de millet entier mais aussi des flocons de millet à utiliser pour le müesli du matin ou de la semoule précuite pour les potages ou les sauces. Le millet en grain a notre préférence, sa saveur douce est souvent appréciée des enfants.

Recette pour bien préparer du millet nature

Pour cuire le millet, il suffit de le plonger dans deux fois son volume d'eau salée. Lorsque l'eau est absorbée, couvrez et laissez gonfler 5 minutes avant de servir. Il s'accommode bien d'une simple noix de beurre, d'un filet de sauce soja ou d'une sauce tomate maison. On peut le gratiner (recouvert de râpé) ou (selon la technique de pâté de sable) en faire de petits dômes.

Gratin de millet au potimarron

Préparez le millet nature selon la recette précédente. Ôtez les pépins du potimarron, coupez-le en petits morceaux et faites-les cuire à la vapeur. Dans un plat légèrement huilé, déposez une couche de potimarron, quelques noix de beurre, du sel, du poivre et une pincée de cumin. Recouvrez d'une couche de millet, parsemez de fromage râpé puis recommencez l'opération. Terminez avec le millet recouvert de râpé et passez au four pour faire gratiner.

Mangez de la quinoa !

La quinoa est une des céréales les plus attrayantes. Son goût et sa texture sont généralement très appréciés. Et c'est tant mieux car c'est aussi une des céréales les plus riches en protéines. On peut la consommer nature avec simplement un peu de beurre ou un filet d'une bonne sauce soja. Elle s'accompagne d'un peu de tofu, d'une poêlée de légumes ou de noix grillées. Sinon, jetez une poignée de quinoa dans un bouillon clair et voilà une soupe originale. Enfin, sa légèreté et son petit croquant en font la céréale idéale des salades.

Cuisson de base de la quinoa

Faites-la cuire dans deux fois son volume d'eau froide salée. Lorsque l'eau est absorbée, couvrez et laissez gonfler hors du feu. On peut remplacer l'eau par un bon bouillon de légumes ou aromatiser à la cannelle ou au tamari. Comptez un verre de quinoa pour deux personnes.

Quinoa à la cantonaise

Faites cuire deux verres de quinoa dans 4 verres d'eau salée. Lorsque la céréale a absorbé toute l'eau, laissez-la gonfler, hors du feu à couvert. Préparez une omelette fine avec 4 œufs puis coupez-la en dés. Coupez 3 branches de céleri en petits tronçons et attendrissez-les à la poêle dans un peu d'huile de sésame. Ajoutez un verre d'eau, 2 tasses de petits pois et une poignée de raisins secs et laissez cuire jusqu'à ce que les légumes soient tendres. Mélangez tous les ingrédients et rectifiez l'assaisonnement avec une bonne sauce soja.

Quinoa aux fruits secs

Faites cuire la quinoa selon la recette de base. Pendant ce temps, faites griller légèrement vos noix à sec dans une poêle. Vous pouvez aussi utiliser des mélanges de noix, noisettes, amandes ou noix de cajou tout prêts, grillés et salés qu'il vous suffit d'insérer au dernier moment dans la quinoa. On décore l'assiette avec des crudités et une sauce au yaourt et voilà un plat vite fait, sain et très complet.

Mangez du sarrasin !

Pour fabriquer 10 galettes de sarrasin

Salez 250 g de farine de sarrasin d'une pincée de sel. Mélangez un œuf battu à 1/2 litre d'eau et versez sur la farine en battant vigoureusement. Vous obtenez une consistance de pâte à crêpe. Laissez reposer une heure (ce n'est pas obligatoire) avant de faire vos galettes. Procédez comme pour des crêpes.

Avec quoi farcir des galettes de sarrasin ?

Fromage râpé bien poivré mais aussi et surtout oignon frit, tranches de pommes revenues à l'huile ou au beurre, quelques marrons, un émincé de choux, une poignée de noix, du romarin haché menu... toutes saveurs qui se marient admirablement bien avec cette céréale au goût rustique.

Conseils pour manger du gruau de sarrasin

Achetez du sarrasin brut, sous forme de gruau. On trouve aussi du kasha : les grains ont été grillés. Faites-le cuire dans deux fois son volume d'eau jusqu'à absorption totale du liquide. Comptez environ 1 verre pour deux personnes. On peut varier les recettes à l'infini, la saveur prononcée du sarrasin s'accorde bien avec du chou, des betteraves, des oignons, des artichauts, des tomates ou des poivrons rouges.

Salade de sarrasin en plat complet

Faites cuire deux verres de sarrasin dans deux fois son volume d'eau froide et salée. Ajoutez 100 g de raisins secs. Lorsque l'eau est absorbée, couvrez et laissez gonfler hors du feu. Dans un saladier, mélangez un bon verre de pois chiches cuits et égouttés, une pomme coupée en dés, des petits bouquets de choux-fleur juste attendris à la vapeur et le sarrasin. Arrosez d'huile, de jus de citron et pimentez généreusement de paprika.

Mangez des noix et des graines !

Trucs de base

On l'a vu, les noix (noix, noisettes, amandes, noix de cajou, de pécan, pignons...) et les graines oléagineuses (tournesol, sésame, courge...) apportent à l'organisme de nombreuses vitamines, des protéines et des acides gras indispensables à un bon équilibre alimentaire. Mais pour en consommer, encore faut-il en avoir à portée de main. L'idéal est de les acheter bio et nature, en grande quantité, et de les garder dans des pots en verre pour les avoir à l'œil. Les petits sachets apéro, grillés et salés sont bien pratiques pour les repas express. Le gomasio (sésame et sel moulus ensemble) se saupoudre tout simplement sur les crudités ou les salades.

Pensez donc à parsemer de noix diverses vos sautés de légumes, vos céréales natures, vos tartes et même les sandwichs.

Que faire avec les beurres végétaux ?

On appelle beurres végétaux les pâtes de noix, de sésame, de noisettes, de noix de cajou... que l'on trouve facilement toutes prêtes dans les magasins bio (évitez en effet les préparations sucrées ou contenant des émulsifiants).

Le tahin (pâte de sésame) est indispensable pour préparer une sauce chaude ou froide en un tour de main. On le dissout rapidement avec un peu d'eau pour obtenir la consistance désirée (de la mayonnaise à la vinaigrette). On le sert avec un sauté de légumes, une céréale nature, des crudités, une terrine de légumes... il apporte des protéines complémentaires, beaucoup de calcium et beaucoup de saveur.

Les purées de légumes se trouvent bien aussi d'être enrichies d'une cuillerée de beurre végétal; elles y gagnent en onctuosité.

Sauces et lait d'amande

L'amande est la noix la plus riche en vitamine E et en minéraux. On trouve des beurres d'amande, des amandes effilées ou en poudre. On peut soi-même, avec un moulin à café, fabriquer de la poudre d'amande en petite quantité que l'on gardera au réfrigérateur. Les amandes nature peuvent être mondées (on enlève la peau facilement lorsqu'elles ont été plongées dans l'eau bouillante) puis légère-ment grillées (au four ou dans une poêle sèche) avant d'être concassées au mortier.

Vous pouvez aussi fabriquer votre lait d'amande (avec des poudres du commerce) et l'utiliser comme boisson, comme fond de potage ou pour les entremets. Enfin, n'oubliez pas la pâte d'amande !

Recettes et conseils pour toutes les occasions

Des idées de menus
pour tous les jours

Gratin d'aubergines au roquefort + riz basmati

Coupez deux grosses aubergines en rondelles. Passez au mixeur 100 g de roquefort, 1 gousse d'ail, 3 tomates et 3 cuillerées à soupe d'huile d'olive. Salez et poivrez. Alternez dans le plat une couche d'aubergine et une couche de sauce. Finissez par la sauce et faites cuire au four 30 minutes environ. Pendant ce temps, préparez un bon riz basmati.

Tarte au potimarron + salade aux croûtons et aux graines

Ôtez les graines du potimarron, ce n'est pas la peine de l'éplucher. Coupez-le en morceaux et faites-le cuire à la vapeur. Écrasez à la fourchette le potimarron et ajoutez 2 œufs battus avec 150 g de fromage blanc. Mélangez, salez et poivrez. Versez sur une pâte brisée et faites cuire environ 30 minutes au four (thermostat 6).

Préparez environ 500 g de feuilles de salade mélangée et une bonne vinaigrette. Faites dorer au four 3-4 minutes 2 cuillerées à soupe de graines de tournesol, autant de graines de courges et de graines de sésame. Coupez le pain aillé et huilé en petits croûtons et faites-les cuire 10 minutes au four. Mélangez les ingrédients.

Galettes de céréales + purée de légumes de saison

Mélangez 1 bol de céréales cuites (riz ou Boulghour feront l'affaire) avec 2 œufs, 1 carotte, 1 oignon râpé et 1 cuillerée à soupe de farine. Salez et poivrez. Formez des boulettes que vous aplatissez avec la fourchette dans l'huile bien chaude. Faites frire à la poêle sur les deux faces. Servez avec une purée de légumes de saison (potimarron, carotte, céleri rave, poireau...).

Pain de carotte + fèves fraîches

Râpez 4 belles carottes et mélangez-les à 4 œufs, 1 verre de lait et 100 g de gruyère. Parfumez éventuellement de cardamome moulue, salez et poivrez. Faites cuire au four (thermostat 6) pendant 20 minutes. Servez chaud ou froid, découpé en tranches avec des fèves fraîches (ou des petits pois) légèrement revenus au beurre.

Croquettes de haricots + salade d'épinards

Faites revenir dans l'huile 1 oignon haché puis passez-le au robot avec 500 g de haricots rouges cuits et égouttés, 2 cuillerées à soupe de farine et 1 cuillerée à café de cumin. Formez des boulettes, faites-les revenir à la poêle, dans l'huile chaude, sur les deux faces. Servez avec une salade de jeunes épinards frais et crus aromatisée d'huile de noix.

Des idées de barbecue

N'empestez plus vos voisins avec des odeurs de sardines et profitez du ballet des poissons dans l'eau claire de la rivière, du chant des grives et des merles... tout en vous régalant d'un barbecue 100% végétal. La vie n'est-elle pas plus belle ainsi ?

Assortiment de légumes marinés et leur sauce

Coupez les tomates olivette en deux dans le sens de la longueur, les aubergines et les courgettes en tranches dans le même sens, les oignons en rondelles et les poivrons en quartiers.

Dans un saladier, arrosez tous les légumes d'une marinade composée d'huile d'olive, de thym et de vinaigre balsamique. Faites ensuite griller les légumes sur la grille du barbecue légèrement huilée. Comptez 5 à 10 minutes en remuant plusieurs fois. Servez avec des tranches de pain frottées à l'ail et grillées sur les deux faces.

Tartines grillées de tofu

Préparez une marinade avec 3 cuillerées à soupe de sauce soja (tamari ou shoyu), 2 cuillerées à café d'huile de sésame et 1 cuillerée à café de piment. Vous y ferez mariner pendant une heure le tofu nature coupé en tranches.

Frottez de grandes tartines de pain avec une gousse d'ail et badigeonnez-les d'huile d'olive puis faites-les griller 2 à 3 minutes de chaque côté.

Faites griller également les tranches de tofu pendant 2 à 3 minutes de chaque côté. Déposez le tofu sur les tartines et parsemez de fines herbes fraîchement hachées.

Brochettes végétariennes

Faites des brochettes en alternant des morceaux de poivron vert, rouge ou jaune, des morceaux d'aubergine, de courgette, d'oignon, de tofu fumé, de seitan nature. Insérez aussi des tomates cerises, des champignons, des olives noires. Badigeonnez les brochettes d'un mélange d'huile, de jus de citron et d'origan.

Placez-les sur la grille huilée du barbecue et faites-les dorer de 5 à 10 minutes en les retournant souvent.

Salade aux légumes grillés

Il faut faire griller des petites courgettes coupées en 4 dans le sens de la longueur ainsi que des rondelles d'oignons.

Procédez sur une braise moyenne en ayant soin de huiler la grille.

Préparez une salade de tomates bien mûres assaisonnée d'huile, de jus de citron et d'une cuillerée de pistou. Ajoutez les légumes cuits et servez aussitôt.

Salade de poivrons grillés aux noix

Choisissez des poivrons de toutes les couleurs (vert, jaunes, rouges) et préparez une braise bien chaude. Disposez les poivrons sur la grille et faites griller 20 minutes pour que la peau noircisse et se ride.

Enveloppez-les dans un sac en plastique jusqu'à ce qu'ils refroidissent. Vous pouvez alors ôter la peau et les couper en lanières.

Disposez un mélange d'amandes, de noix, de cacahuètes, de noix de cajou, de noisettes... dans une poêle et faites-les griller en les remuant sans arrêt.

Mélangez poivrons et noix, arrosez d'une bonne vinaigrette et servez aussitôt.

Quelques idées de sandwichs

Si vous devez préparer des sandwichs, essayez ces sandwichs végétaux maison, au soja ou aux graines, qui n'ont rien à envier au jambon-beurre et qui feront, c'est certain, des envieux.

Sandwichs au tofu fumé

Coupez le bloc de tofu fumé en lanières à incorporer dans un sandwich mayonnaise avec quelques crudités. Si vous avez des pains pita, n'hésitez pas à confectionner des sandwichs très appétissants avec le tofu fumé râpé, 1 carotte râpée, des cornichons ou des câpres, une tomate et quelques feuilles de salades.

Croque monsieur au tofu fumé

Se prépare exactement comme un croque-monsieur conventionnel, le jambon est remplacé par une fine tranche de tofu fumé.

Sandwichs aux pâtés végétaux

On trouve des pâtés végétaux tous prêts dans les magasins bio. Additionnés de crudités, on en fait de délicieux sandwichs.

Si vous avez un peu de temps, confectionnez un pâté maison : faites revenir dans 50g de beurre une cuillerée à soupe de persil haché et une gousse d'ail hachée. Passez au robot une boîte de 50 g de haricots rouges égouttés, ajoutez le beurre et le persil, poivrez et parfumez d'une cuillerée à soupe d'une bonne sauce soja. Placez dans un joli ravier au frigo une heure avant utilisation.

Des idées pour manger cru

Pour profiter au maximum des vertus et bienfaits des aliments, pour une cure énergétique et aussi pour gagner du temps, oubliez un instant micro-ondes, cuit-vapeur, four à pyrolyse et prenez le temps de mastiquer légumes et céréales crues.

Salade de fenouil, de courgette, de radis noir, de chou blanc...

De nombreux légumes se mangent crus et nécessitent peu de préparation. Pour les fenouils : coupez deux bulbes de fenouil en lamelles et hachez les feuilles finement. Radis noir et courgettes seront épluchés puis râpés. Choux-fleurs ou brocolis détaillés en petits bouquets, choux blancs ou rouges hachés finement.

Vous pouvez aussi les ébouillanter rapidement dans une casserole d'eau en ébullition, ils garderont du croquant et beaucoup de vitamines et seront pour certains plus faciles à digérer. Un autre truc pour les attendrir : faites chauffer l'huile de la vinaigrette et arrosez-en la salade tout en la tournant.

Salade de betteraves crues au miel

Beaucoup moins sucrée que la betterave cuite, la betterave crue nécessite un épluchage et se râpe comme une carotte. Préparez une vinaigrette au miel (3 cuillerées à soupe d'huile d'olive, 2 de vinaigre et autant de miel).

Réchauffez légèrement la vinaigrette au bain marie si le miel se dissout mal. Salez et poivrez.

Soupes crues style gaspacho

Faciles à réaliser si vous avez une centrifugeuse : au choix et selon votre inspiration vous réaliserez de multiples variantes du célèbre gaspacho.

Utilisez : pain rassis, tomate, pamplemousse, poivron, concombre, céleri, ail, oignon et toutes vos fines herbes. Un impératif, servez bien froid un jour de canicule...

Les trempettes

Coupez carottes, navets, fenouil et céleri-rave en branches ou en bâtonnets. Détaillez chou-fleur et brocolis en petits bouquets. Proposez radis, tomates cerises ou champignons. Et agrémentez de sauces diverses : à base de yaourt et d'épices, à base de purée de sésame, à base d'avocat, à base de mayonnaise, de tapenade, de beurre d'artichauts...

Nouvelles idées pour aller plus vite

Depuis peu on peut trouver dans les magasins bio les légumineuses sous forme de flocons (précuits puis écrasés), sous forme de concassés (précuits et cassés) et sous forme de farine.

Ces nouvelles formes nous ouvrent de nombreuses possibilités et les recettes traditionnelles de galettes de céréales, de crêpes ou de flans peuvent être revisitées avec ces nouveaux produits. Essayez les flocons de pois chiches ou d'azukis pour les soupes, les flocons de pois cassés pour les purées, la farine de lentilles pour les sauces ou les crêpes, la farine de pois chiches pour les petits beignets.

Que faire avec de la farine de lentilles ?

Idéale pour mangèr des légumineuses. A utiliser tout simplement à la place de la farine de blé pour une béchamel. Reprenez la recette traditionnelle de la galette de sarrasin (page 63) et remplacez la farine de blé noir par la farine de lentilles.

Que faire avec de la farine de pois chiches ?

A épicer puis à mélanger peu à peu à un peu d'eau et vous obtiendrez instantanément une pâte à beignets où plonger rondelles d'oignons ou fines tranches de potimarron.

Que faire avec des flocons de pois chiches ?

Des flocons parfaits pour fabriquer des petites galettes végétales (voir page 71). On peut aussi utiliser les flocons de pois chiches pour un hummus express. Faites cuire les flocons dans deux fois leur volume d'eau salée. Laissez gonfler puis travaillez à la fourchette pour rendre le mélange homogène.

Ajoutez une gousse d'ail écrasée, 1 cuillerée à soupe d'huile d'olive ou de sésame, autant de tahin et poivrez à votre goût. Assaisonnez de jus de citron et laissez refroidir.

Que faire avec des flocons de pois cassés ?

De la soupe de pois cassés évidemment ! Préparez une soupe poireaux-pomme de terre comme vous savez si bien la faire et ajoutez une bonne poignée de pois cassés à la place d'une pomme de terre. Mixez, assaisonnez à l'ail et à l'huile d'olive et régalez-vous.

Que faire avec des flocons de quinoa ?

Les flocons de quinoa, petits et tendres, sont idéaux pour les galettes de céréales (reprendre la recette page 71). On peut aussi les incorporer aux pâtes à crêpes, aux pâtes à tarte, aux pâtes à biscuit... en un mot, ils sont bons partout, apportent une texture agréable et des protéines complètes.

Recevoir (et sortir) sans viande

Difficile de penser invitations et fêtes sans viande. Pourtant il existe une solution simple, festive et appréciée : le menu exotique. Les cuisines italienne, chinoise, mexicaine ou indienne nous offrent de délicieux plats végétariens que vous choisirez au restaurant ou que vous concocterez à vos amis. Voici quelques idées :

Italie

Antipasti divers (tomate mozzarella, cœur d'artichauts au basilic, aubergines à l'huile...)
Minestrone, soupe de pois chiches...
Pasta (au pistou, à l'ail et aux olives...)
Pizza (Margarita, 4 fromages, artichauts, poivrons...)
Tiramisu, glaces italiennes, salades de fruits... et Cappuccino

Chine

- Soupes et consommés (au gingembre, aux nouilles, à la coriandre...)
- Salades aux germes de soja
Sautés de légumes (chop suey)
- Plats de tofu ou de seitan (gluten) (sauce aigre-douce, vapeur, rôti...)
- Chou chinois et brocoli en sautés
- Nouilles chinoises
- Raviolis vapeur au tofu
- Beignets de fruits, gâteaux de soja, croquants au sésame

Moyen-Orient

Préparez un super " Mezze ", ce buffet composé d'un assortiment de petites entrées

- Hummous
- Taboulé
- Salade de fèves, salade de poivrons grillés...
- Falafels (croquettes de pois chiches) et pain pita
- Dolmas (feuilles de vignes farcies de riz et de pignons)
- Halvah et autres desserts orientaux

Mexique

- Tortilla chips et sauces pimentées
- Guacamole
- Burritos, nachos, enchiladas... à base de haricots rouges, de tortillas, de piment et de sauce tomate
- Gâteaux au chocolat

Inde

La cuisine des brahmanes est traditionnellement végétarienne. Vous aurez donc l'embarras du choix.
- Raita (yaourt, concombre et épices)
- Soupe aux lentilles corail
- Samossa (chaussons de légumes)
- Pakora (beignets à la farine de pois chiches)
- Riz basmati, riz pulao, riz byriani...
- Dhal (lentilles)
- Curry d'aubergines
- Palak-paneer (épinards et fromage)
- Pains indiens et chutney

Table des matières

Du même auteur

Ma cuisine végétarienne pour tous les jours
Nouvelle édition réliée - Garance Leureux
500 recettes simples et rapides : pâtés végétaux, tartes,
sauces... Mais aussi des chapitres thématiques (céréales,
graines germées, tofu, enfants...), un index par ingrédients, des menus (pour recevoir), des conseils diététique... Un manuel complet pour tout savoir sur la cuisine
végétarienne. Ilustrations couleurs : fabriquer des raviolis
végétariens, des galettes végétales, des sushis...
19,50 € - 16 x 22 cm - ISBN 2-84221-102-2- Editions La Plage
384 pages

Cucurbitacées, rapide et facile
Garance Leureux
Des conseils pour mieux connaître et apprécier les cucurbitacées (jardinage, achat, intérêt nutritionnel, variétés...),
des recettes à réaliser en moins de 30 minutes : soupes,
tartes, gratins, fricassées, terrines, plats uniques... sans
oublier d'incroyables gâteaux !
128 pages - 12 € - 14 x 21 cm - ISBN 2-84221-098-0 Editions La Plage

Recettes végétariennes du monde entier
Garance Leureux
Un tour du monde gastronomique avec 130 recettes traditionnelles où légumes secs, céréales et légumes sont à
l'honneur. Aubergines farcies au blé concassé, Mezze
libanais, Croquettes mexicaines, Galettes de seigle, Pâté
végétal japonais...
160 pages - 12 € - 14 x 21 cm - ISBN 2-84221-118-9

Autres ouvrages aux Éditions La Plage

Desserts bio
Saines gourmandises au fil des saisons
Valérie Cupillard
Photographies Philippe Barret et Myriam Gauthier-Moreau
Ces recettes faciles à préparer sont conçues pour
mettre en valeur les saveurs retrouvées des fruits de
saison, les arômes des farines et des sucres complets,
la légèreté des laits végétaux, les parfums naturels des
huiles essentielles... Le dessert bio : une gourmandise
pour se faire du bien !
couverture reliée - 22,5 x 26,5 cm - 160 pages - une centaine de photos
couleur - 29,50 € - ISBN 2-84221-104-9

Fêtes bio
Recevoir au fil des saisons
Valérie Cupillard
Photographies de Philippe Barret et Delphine Chartron
Un livre de recettes superbement illustré pour recevoir
en bio toute l'année. Valérie Cupillard y présente 32
menus : Noël, le Jour de l'an... bien sûr, mais aussi le jour
de la fête des mères, le dimanche de Pâques, un goûter
d'anniversaire, un pique nique d'été etc.
couverture reliée - 22,5 x 26,5 cm - 160 pages - une centaine de photos
couleur - 29,50 € - ISBN 2-84221-093-X

Algues, légumes de la mer

Carole Dougoud Chavannes

Des recettes variées pour cuisiner simplement toutes les algues disponibles sur le marché. Pour chaque recette l'auteur donne les équivalences en algues fraîches ou sèches. " Tartine au beurre pailleté d'algues ", " Lasagnes au kombu ", " Œufs brouillés à la Celte "... la cuisine aux algues n'a jamais été si facile !

128 pages - 12 € - 14 x 21 cm - ISBN 2-84221-081-6

Tofu, rapide et facile

Louise Hagler

120 recettes faciles à réaliser en moins de 30 minutes : des sauces, des galettes végétales, des tartes, des brochettes, des lasagnes, et même un très fameux cheesecake... Pour apprivoiser le tofu et en faire un familier de la table ainsi que l'allié de notre santé.

128 pages - 9 € - 14 x 21 cm - ISBN 2-84221-058-1

Céréales et légumineuses

Valérie Cupillard

L'auteur a adapté des recettes traditionnelles (hummus, soupe de pois cassés...) avec les nouvelles formes de céréales et de légumineuses disponibles aujourd'hui : flocons, semoule, concassés, farines... 100 recettes innovantes pour redonner une vraie place aux protéines végétales dans notre alimentation.

128 pages - 12 € - 14 x 21 cm - ISBN 2-84221-092-1